ALLOCUTION

DE MONSIEUR

L'ABBÉ GOUZOT

ALLOCUTION

DE MONSIEUR

L'ABBÉ GOUZOT

Chanoine Archiprêtre de la cathédrale de Périgueux

PRONONCÉE EN L'ÉGLISE DE LA TRINITÉ
LE 15 MAI 1876

M DCCC LXXVI

Le 15 mai 1876 a eu lieu, à l'Église de la Trinité, à Paris, le mariage de M. René Delpit, lieutenant de vaisseau, officier d'ordonnance de Son Excellence M. le ministre de la marine, avec Mlle Alice Bridon.

Les témoins étaient :

Pour M. René Delpit, M. l'amiral Fourichon, ministre de la marine, et M. Lhomeyer, inspecteur général honoraire.

Pour Mlle Alice Bridon :

M. Vandier, sénateur, et M. Daunoy, conseiller à la cour d'appel de Douai.

La bénédiction nuptiale a été donnée par M. l'abbé Gouzot, chanoine archiprêtre de la cathédrale de Périgueux, qui a adressé aux jeunes époux l'allocution suivante.

Nous avons sollicité l'autorisation de la reproduire et sommes heureux de pouvoir l'offrir aux deux familles.

L. T.

(*Jam non sunt duo*. Désormais ils ne sont plus deux.)

(Saint Matthieu, XIX, 6.)

I

Mon cher frère, ma chère sœur, vous voilà unis pour toujours ! Que de joie, d'espérance et de grandeur dans cette transformation ! Elle est tout votre avenir ; elle nous rappelle la première page de la Bible et de l'humanité, et tant de familles, qui, à toutes les époques et dans tous les pays, se sont formées et ont grandi sous le regard de Dieu.

Aussi, que de prières, de félicitations et d'hommages ! Je remercie le vénéré pasteur de cette paroisse de m'y avoir associé, en m'accordant si gracieusement l'honneur de vous bénir.

Il m'est bien doux de saluer vos parents, vos amis et vos compatriotes, dont un grand nombre sont aussi les miens, de me joindre à ces témoignages de sympathie et de vous dire ainsi mes sentiments pour vous et les familles dont vous êtes le trait d'union.

Arrivant de notre chère province, je vous apporte, mon cousin, comme une image du pays natal, des lieux témoins de votre enfance et dès lors pleins de charme pour votre épouse ; je symbolise les vœux de nos parents, de nos amis absents, et comme un souvenir de ceux qui ne sont plus et dont la mémoire n'est pas oubliée.

Du haut du ciel, avec les ancêtres de votre nouvelle, si chrétienne et si honorable famille, ils président à cette solennité.

Parmi eux, une physionomie m'apparaît plus rayonnante que les autres : c'est votre mère, mon cher frère, l'ange Raphaël qui a choisi votre gracieuse compagne.

Elle a été *la femme forte* de l'Évangile, la joie, la lumière, l'édification de tous, spécialement de votre père, dont elle inspirait les travaux. En ce moment, récompensée de ses œuvres, elle nous bénit tous, en particulier sa nouvelle fille, si digne de la première et qui réalise si bien tous ses désirs.

II

Où est l'union ici-bas, cette union dont nous célébrons la fête? Les poëtes l'ont chantée, les penseurs l'ont cherchée, l'Écriture l'appelle le premier des biens! *Si dederit homo omnem substantiam domus suæ pro dilectione, quasi nihil despiciet eam* (1).

Quelle est la cause de l'union et de sa durée entre deux êtres, se disant, dans une langue qui n'appartient qu'aux livres saints : « Nous ne sommes qu'un ! — Vous êtes un lis au milieu des épines de la vie, *lilium inter spinas, sic amica mea* (2) ; — vous êtes une oasis permanente dans le désert de ce monde ; — votre nom, votre présence, votre souvenir, c'est ma félicité, *oleum effusum nomen tuum* (3) ! »

(1) Cantique des cantiques, VIII, 7.
(2) *Id.*, II, 2.
(3) *Id.*, I, 2.

La fortune, la science, le talent, la gloire, le génie, sont-ils le principe de l'union? Hélas! toutes les pages de l'histoire nous répondent qu'ils n'ont ni assez de grandeur, ni assez de beauté.

Le principe de l'union, c'est la beauté de Dieu lui-même, aimé, contemplé, adoré dans une âme qu'il nous destine.

Une sainte disait : « Si l'on avait vu une âme, on ne pourrait rien plus regarder. »

Vous avez admiré les grands spectacles de ce monde, le firmament, les montagnes, l'océan, les prodiges des arts, des sciences et de l'harmonie, et vous avez pleuré d'enthousiasme, en vous écriant: « Ah! que c'est beau! »

Une âme est incomparablement plus belle que toutes ces merveilles : elle en est le centre et la vie, c'est l'image de la divinité elle-même.

Or, cette beauté si ravissante n'est pas encore, mes chers enfants, celle qui vous est destinée.

Où donc est-elle? Ah! c'est la beauté d'une âme, qui, dans les desseins éternels, vous était réservée et dès lors a pour vous un charme providentiel.

Chaque être, brin d'herbe à nos pieds, ou étoile au ciel, a sa vocation; et, en s'y conformant, il réalise ces grandes choses qui nous enchantent : l'ordre, l'harmonie, la beauté.

Il y a des étoiles destinées à

briller ensemble et à s'entr'aider au milieu des mondes; ainsi il y a des âmes sœurs dans les pensées de Dieu, qui doivent faire ensemble le pèlerinage de la vie, en se disant : « notre pays natal, n'est-ce pas? c'est pour notre regard le plus beau de tous les pays; or, votre âme, c'est la patrie de mon âme; c'est pour elle que j'ai été créée; c'est en l'aimant que je m'élèverai jusqu'à Dieu, ma fin suprême. »

III

Quelle est, mes chers enfants, votre mission spéciale pour entrer dans ce plan providentiel?

Vous, mon cher frère, vous représentez l'autorité dans la société domestique : *L'homme est la tête de la femme* (1), dit la Sainte Écriture. Vous devez dominer par la supériorité de la raison et de la science; c'est là votre royauté et l'attrait puissant qui vous atta-

(1) Saint Paul aux Ephésiens, V, 23.

chera votre femme : elle doit être fière de vous aimer et de vous obéir. Vous y arriverez en développant votre riche nature, en imitant ceux qui répondent de vous ici : notre éminent compatriote, l'amiral Fourichon, le sauveur de la marine, en des jours difficiles ; votre beau-frère, qui l'a si vaillamment défendue à la tribune ; et ces officiers de marine, vos collègues, si fidèles gardiens de l'honneur de la patrie, et qui rappellent tant de périls bravés pour la servir.

En suivant ces nobles traces, vous aurez encore une autre joie : vous rencontrerez un frère chéri, qui, lui aussi, dans une arme savante comme la vôtre, s'est voué bien jeune au service du pays.

IV

Et vous, ma chère sœur, savez-vous quelle est votre mission? Votre mari, c'est l'autorité; vous, vous êtes la poésie!

Nos livres saints vous comparent à une étoile au milieu des ténèbres de la vie : *quasi stella in nubibus;* vous êtes la lampe, qui resplendit sur le chandelier, *lu-*

cerna splendens super candelabrum (1).

Or, la lumière éclaire, réjouit et féconde.

D'ordinaire la vérité, les grands projets, les grandes idées ne viennent pas de vous; mais, en vous y intéressant, vous les revêtez d'un attrait incomparable, où les païens eux-mêmes avaient vu un rayon d'en haut : *aliquid sanctum et providum mulieribus inesse putant*, dit Tacite (2). En un mot, vous recevez la vie pour la rendre dans tout son éclat; vous éclairez en charmant et en perfectionnant.

Le second effet de la lumière,

(1) Ecclésiastique, XXVI, 22.

(2) Mœurs des Germains.

c'est de réjouir : vous complétez les événements les plus heureux ; vous adoucissez toutes les tristesses ; vous embellissez jusqu'aux plus humbles détails de la vie.

Et ce charme de l'esprit, cette joie du cœur, c'est la fécondité : aussi, sous l'influence de la femme, ont eu lieu la plupart des grands faits, les vérités et les erreurs se sont répandues. C'est elle qui a inspiré les philosophes, les orateurs, les poëtes, les guerriers, les martyrs et les saints. « Celle qui est pour moi Béatrix, disait Ozanam, a été laissée sur la terre pour me soutenir d'un sourire, d'un regard, pour m'arracher à mes découragements et me montrer, sous la plus touchante image, la puissance de l'amour chrétien. »

Vous aussi, ma chère cousine, vous avez dans vos deux familles, particulièrement dans votre mère, dans votre sœur et dans le souvenir de celle que votre tante remplace si bien, la réalisation de cet idéal; vous serez aidée à le reproduire par les prières et les conseils de notre vénérée parente, *Mère du cœur agonisant de Jésus*, une vraie mère pour nous tous, et dont la vie a été le modèle de la femme dans toutes les situations.

V

QUELS sont les caractères de cette union ?

Elle est complète : elle ne comprend pas seulement vos personnes, vos familles, elle s'étend à toutes vos espérances, à tous vos souvenirs et jusqu'aux lieux que vous avez habités, parce qu'ils gardent l'image de votre passage.

Nous sommes ici dans une église magnifique : la divinité réside dans le tabernacle ; cette présence auguste n'est-elle pas un principe de respect pour les moindres détails du temple? Tout objet, faisant partie du lieu saint, est saint lui-même.

Il en est ainsi de l'union basée sur la beauté de l'âme : l'âme est le tabernacle de cette divinité, le sanctuaire de ses charmes invisibles : aussi tout ce qui les représente est plein d'amabilité.

VI

Cette union est durable : elle triomphe de tout ce qui vient de l'homme ; les maladies, la vieillesse, les malheurs augmenteront votre amour, en vous mettant à même d'en donner de nouvelles preuves. On jouit de souffrir avec ceux qu'on aime : le corps pourra perdre de sa vigueur et de sa force, l'âme resplendira d'un nouvel éclat ; les pierres, les colonnes du temple pourront être usées par le temps ou ébranlées par les orages : la divinité intérieure, l'âme illuminera ces ruines. Ah ! ce ne sera plus seulement de l'attrait que vous aurez pour le vieil édifice, ce sera de la vénération ! Que de choses ont à se dire des époux, qui ont vieilli quarante, cinquante ans ensemble, au milieu des générations qu'ils ont bénies ! Et puis, à travers ces décadences de la nature, vous entreverrez les transfigurations de la grâce, les glorifications du Ciel ! L'absence, la mort surtout détruisent l'amour humain ; l'union des âmes en Dieu grandit au milieu de ces désolations : on vit de souvenirs, comme on vivait de réalités.

VII

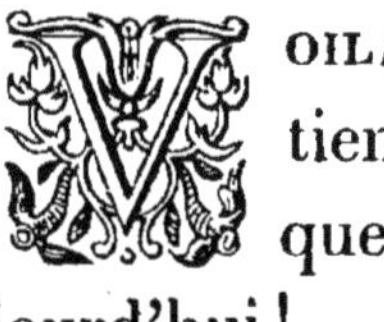

OILA la famille chrétienne ! telle est celle que vous fondez aujourd'hui !

En contemplant cette grande institution dans tout l'univers, ne sentons-nous pas le besoin de nous écrier, comme le prophète sur la montagne, d'où il dominait le peuple de Dieu : « Que vos pavillons sont beaux, ô Jacob! que vos tentes sont belles, ô Israël (1)! ».

Et cette chose merveilleuse, à qui la devons-nous? à l'Église catholique, qui seule a maintenu l'indissolubilité du mariage contre toutes les philosophies, les religions, les puissances et les passions.

Vous avez, mon cher cousin, parcouru le monde et étudié l'histoire : en dehors du catholicisme, partout vous avez trouvé

(1) Nombres, XXIV, 5.

la famille avilie, quels que soient le génie et la gloire des législateurs.

Or, où est la vérité ici-bas, sinon dans une doctrine, qui, en maintenant la famille, est la mère de notre dignité, de nos joies, de la civilisation tout entière?

Dès lors, pratiquons la vérité! c'est d'elle que nous vient tout ce que nous aimons; nous le devons à notre pays : *veritas vos liberabit,* disait notre divin Maître La vérité est la libératrice de l'individu, de la famille et de la patrie.

La pratique constante de la vérité : telle est la gloire, telle est la félicité qu'en montant à l'autel, je vais demander pour vous, mon cher cousin, ma chère cousine; pour vos bien-aimés parents, dont vous êtes destinés à charmer les vieux jours, et pour toute cette si imposante et si sympathique assemblée, dont vous êtes la fête.

IMPRIMÉ PAR LES SOINS
DE LÉON TECHENER
LIBRAIRE
A PARIS
M DCCC LXXVI

Typographie Lahure, rue de Fleurus, 9, à Paris.

www.ingramcontent.com/pod-product-compliance
Ingram Content Group UK Ltd.
Pitfield, Milton Keynes, MK11 3LW, UK
UKHW022144260726
13993UKWH00005B/2152